AF460359

LA MARINE
AUX COLONIES

On demande Justice

Par M. G. ANDRÉ

Chef d'Escadron d'Artillerie de la Marine
en retraite,
Chevalier de la Légion d'honneur.

Ln 27
39744

CHINON
IMPRIMERIE F. DEHAIES
1890.

L 27 n
9744

RF BIBLIOTHÈQUE NATIONALE

J'ai été accusé par un agent subalterne. J'ai protesté avec indignation.

Si je suis coupable pourquoi m'avoir soustrait à mes juges naturels et pourquoi ne m'avoir pas fait comparaître devant un Conseil d'enquête et même devant un Conseil de guerre ?

Si j'ai été calomnié pourquoi ne m'avoir pas rendu justice ?

Pourquoi m'avoir frappé injustement ?

762
70

PÉTITION

ADRESSÉE

A LA CHAMBRE DES DÉPUTÉS

Par le Chef d'escadron d'artillerie de la marine en retraite
G. ANDRÉ, Chevalier de la Légion d'honneur.

Messieurs les Députés,

Les dispositions de la loi de 1834 sur l'état des officiers et sur la position de l'officier garantissent à l'officier son grade qui est sa propriété ; elles lui permettent en outre de sauvegarder son honneur par le recours, dans certaines circonstances, au Conseil de guerre ou au Conseil d'enquête.

L'officier ne peut perdre son grade que pour des causes énumérées dans la loi et au nombre desquelles on trouve :

« 1° La condamnation à une peine correctionnelle pour *vol,* « *abus de confiance, détournements d'effets ou de valeurs,* etc., » c'est-à-dire les délits prévus par les articles 402, 403, 405, 406 « et 407 du chapitre II titre III du Code pénal.

« 2° La destitution par jugement du Conseil de guerre. »

Le Code de justice militaire déclare justiciables précisément des Conseils de guerre : « Les crimes et délits *contre le devoir mili-* « *taire,* la révolte, l'insubordination, la rébellion, *l'abus d'auto-* « *rité, le vol, la prévarication et l'infidélité dans le service et dans* « *l'administration.* »

D'autre part, l'officier en activité de service ne peut être mis en réforme, en retraite d'office, ou en non-activité, sauf le cas d'infirmité, que pour des fautes prévues et nettement spécifiées dans les articles 341 et 342 du décret du 28 décembre 1883 sur le service intérieur.

Les fautes contre la discipline sont énumérées dans les articles 319 et 321 du décret précité.

« La *réforme*, c'est-à-dire le renvoi de l'armée, peut être pro-
« noncée directement et sans passer par la position de non-
« activité, pour *inconduite habituelle*, *fautes graves dans le*
« *service ou contre la discipline, fautes contre l'honneur*, mais
« seulement après qu'un Conseil d'enquête a donné son avis.

« La plainte peut être portée par toute personne qui se prétend
« lèsée ou d'office par l'un des supérieurs de l'officier ; elle doit
« toujours être transmise au ministre.

« La *non-activité,* c'est-à-dire l'exclusion temporaire du service,
« est une peine disciplinaire réprimant les fautes qui ne rendent
« l'officier justiciable ni du Conseil de guerre, ni du Conseil
« d'enquête. »

« Les fautes pouvant entraîner la mise en non-activité sont :
« l'inconduite, les fautes dans le service, le défaut de capacités.

« Les torts de l'officier susceptible d'être placé dans la position
« de non-activité sont exposés par le *chef de corps* dans une
« plainte détaillée qu'il remet au Général de brigade.

« Il spécifie si, dans son opinion, l'officier doit être mis en
« retrait ou seulement en suspension d'emploi. *Il joint à la*
« *plainte les pièces relatives aux faits* sur lesquels la plainte est
« appuyée.

« Le dossier est transmis hiérarchiquement par le Général de
« brigade, le Général de division et le Général commandant le
« corps d'armée au Ministre. Chacun de ces officiers généraux
« *donne son avis écrit et signé,* tant au sujet des torts qui sont
« reprochés à l'officier que de la mesure demandée contre lui. »

Telles sont, Messieurs les Députés, les prescriptions de la loi et celles du décret du 28 décembre 1883 ; elles sont nettes et formelles : le vol, l'abus de confiance, l'infidélité dans le service et dans l'administration sont justiciables des *Conseils de guerre.*

Les fautes graves contre la discipline ou contre l'honneur sont justiciables des *Conseils d'enquête.*

Si les faits pouvant motiver la mise en non-activité sont laissés à l'appréciation de l'autorité militaire supérieure, le règlement, par une sage disposition, exige que la plainte soit fondée, qu'elle soit appuyée de l'avis écrit et signé des chefs hiérarchiques de l'officier en cause.

En outre, un officier ne peut être exclu définitivement du service par une simple décision ministérielle, sans avis d'un Conseil d'enquête.

Monsieur le Ministre de la marine n'a observé à mon égard ni les prescriptions de la loi de 1834, ni celles du décret du 28 décembre 1883.

Créole du Sénégal, j'ai rempli à la Martinique en 1888-1889 les fonctions de directeur et de commandant des troupes de l'artillerie. J'ai été poursuivi par la haine aveugle de M. le Lieutenant-colonel d'infanterie de marine X... commandant supérieur des troupes qui, lui, est créole de la Martinique.

Aux punitions injustes contre lesquelles j'ai réclamé, ont succédé les lettres injurieuses et insultantes de M. le Commandant supérieur des troupes.

Ma situation étant devenue intenable, j'ai demandé à être remplacé dans mes fonctions, à rentrer en France, j'ai demandé une enquête.

On a eu recours alors à un agent subalterne, M. Y..., garde auxiliaire d'artillerie, créole de la Martinique, qui a accusé le Directeur d'artillerie, *de nourrir ses poules avec l'avoine de l'armée.*

Cette accusation infâme et ridicule a été portée contre moi à l'improviste au moment de l'inspection générale. Elle n'était appuyée sur aucune preuve, mais sur le dire du sieur Y..., garde auxiliaire d'artillerie, que ceux-là mêmes qui s'en servaient m'avaient signalé autrefois comme faisant des dépenses peu en rapport avec ses appointements et comme devant être l'objet d'une surveillance spéciale.

Cette accusation odieuse a été le point de départ de l'incident relaté dans ma lettre au Ministre à la date du 24 décembre 1889, incident à la suite duquel j'ai été renvoyé à la disposition du Ministre par M. le Général d'infanterie de marine *** (créole de la Martinique).

L'autorité militaire à qui j'ai demandé, avant de quitter la Martinique, de faire la preuve de l'accusation qu'elle avait accueillie, s'est dérobée.

Je me suis alors adressé à l'autorité administrative qui a vérifié, avant mon départ, les comptes de tous les services dont j'avais la responsabilité. Cette vérification n'a donné lieu à aucune observation et je n'ai eu à présenter aucune justification, ni avant de quitter la Martinique, ni depuis.

La calomnie était donc flagrante et l'autorité militaire ne l'ignorait pas, car non-seulement elle m'a maintenu dans l'exercice de mes fonctions jusqu'au dernier jour et jusqu'à la dernière heure, mais encore elle a répondu par écrit, lorsque je lui ai demandé de désigner mon successeur pour que je lui remette le service : « *Il n'existe aucune considération militaire* qui autorise « à vous déposséder *de vos droits au commandement.* »

Il n'a pas été fait de remise de service.

Cependant, à mon arrivée à Paris, le *20 décembre 1889*, j'ai appris, à mon grand étonnement, que j'avais été mis en non-activité par décret du *18 décembre 1889*, sans enquête, sans jugement, sans explication, sans même que mon chef hiérarchique, M. le Général de division D..., inspecteur général permanent de l'artillerie de la marine, ait donné son avis sur la mesure disciplinaire qui m'a frappé. Pour briser ma carrière, il a suffi du *Vu* de Monsieur le Ministre de la marine sur le rapport de M. le Général d'infanterie de marine *** qui se trouve ainsi *juge et partie dans sa propre cause.*

En même temps, Monsieur le Ministre de la marine décidait que je serais rayé des cadres de l'armée dès que j'aurais accompli deux années dans le grade de Chef d'escadron.

Cette mesure inouïe, contraire à la loi et aux prescriptions règlementaires, était, dans la pensée du Ministre, une faveur exceptionnelle. En réalité, elle avait pour effet de soustraire un officier supérieur, directeur d'artillerie, accusé par un subalterne, à ses juges naturels, dans le but d'étouffer la vérité.

Les faits sont si nettement établis, ils ont une éloquence telle, que le Directeur d'artillerie à la Martinique, s'il avait été traduit devant un Conseil de guerre ou devant un Conseil d'enquête, aurait été acquitté comme l'a été le chef du service administratif de cette colonie qui a été renvoyé à la disposition du Ministre, à cette même inspection de 1889, par M. le Général d'infanterie de marine ***.

Pour juger la décision de Monsieur le Ministre de la marine, il suffit d'en montrer les conséquences : Les fautes attribuées au Directeur d'artillerie étaient sans doute moins graves que celles reprochées au Chef du service administratif de la marine, puisque celui-ci a été proposé pour la réforme et l'autre pour la non-activité.

Le Directeur d'artillerie, qui n'a pas été jugé, a cependant vu sa carrière brisée, tandis que le Chef du service administratif de la marine, qui a obtenu des juges, a été acquitté et il a repris immédiatement ses fonctions.

Toutes les démarches qui ont été faites auprès de M. le Ministre de la marine pour obtenir que je sois jugé conformément aux prescriptions de la loi et des réglements militaires, par un Conseil de guerre ou par un Conseil d'enquête sont restées infructueuses.

Mais, fait important à signaler, Monsieur le Ministre de la marine a regretté ensuite la hâte avec laquelle il avait soumis à la signature de M. le Président de la République le décret qui m'a mis dans la position de non-activité. Monsieur le Ministre a, en effet, « de son propre mouvement, et sincèrement, promis à un « ancien député de demander en ma faveur à Monsieur le Ministre « des finances une place de percepteur de première classe en « France ou en Algérie. »

Les faits exposés dans les lettres ci-jointes du 24 décembre 1889 et 2 octobre 1890, adressées à Monsieur le Ministre de la marine, appuyés de documents authentiques qui ont été placés sous les yeux du Ministre établissent :

1° Que j'ai été victime de la haine de M. le Lieutenant-Colonel d'infanterie de marine X..., commandant supérieur des troupes à la Martinique.

2° Que j'ai subi des punitions injustes accompagnées de lettres injurieuses et insultantes ; que j'ai été désigné au poignard des assassins, ainsi que ma femme et mes deux enfants.

3° Que j'ai été victime d'une accusation odieuse et ridicule, émanant d'un agent subalterne, accusation qui n'a surgi que pour opérer une diversion en faveur de M. le Lieutenant Colonel Commandant supérieur des troupes, dont les actes avaient été jugés au Ministère de la marine comme entachés d'abus de pouvoir.

4° Que j'ai été gravement insulté et injurié dans le service et sous les armes par M. le Général d'infanterie de marine *** devant témoins, dont un inférieur.

5° Que l'enquête que j'avais demandée, et à laquelle Monsieur le Ministre de la marine avait prescrit à M. le Général *** de procéder pendant son inspection, n'a eu lieu ni à la Martinique, ni en France après mon rapatriement.

6° Qu'en prévision d'un acquittement certain, je n'ai été traduit ni devant un Conseil de guerre, ni devant un Conseil d'enquête, mais mis en non-activité, sans explication, sans enquête, sans jugement et sans qu'aucune des formalités prescrites par le décret du 28 décembre 1883 ait été remplie.

Que ma carrière a été brisée, mon avenir perdu.

7° Que la loi de 1834 et le décret de 1883 n'ont pas été observés;

8° Qu'on a étouffé la vérité et sacrifié un innocent pour sauver des coupables.

Les faits relatés dans mes deux lettres à Monsieur le Ministre de la marine, datées l'une du 24 décembre 1889, l'autre du 2 octobre 1890, ont un caractère exceptionnel de gravité.

L'enquête qu'avait prescrite le Ministre est nécessaire, inévitable.

La carrière d'un officier, son honneur, ne peuvent dépendre d'un seul juge, le Ministre.

L'officier n'est pas en dehors de la loi commune, et lorsqu'on l'a accusé, il a, comme tout accusé, un droit imprescriptible, celui de se défendre.

J'ai servi la France pendant vingt-six ans avec honneur, fidélité et dévouement. J'ai été rendu à la vie civile sans motif, en violation de la loi et des règlements militaires.

Je proteste en face de l'armée et de la France contre les machinations odieuses, l'abus de pouvoirs scandaleux et le déni de justice horrible dont j'ai été victime.

Messieurs les Députés, les injures et les insultes sont interdites dans l'armée.

La loi est égale pour tous et elle est applicable à tous sans distinction.

G. ANDRÉ.

Chinon, le 10 Novembre 1890.

ANNEXES

*Plainte adressée à Monsieur le Ministre de la marine contre M. le Général d'infanterie de marine *** Inspecteur général des troupes à la Martinique en 1889.*

Paris, le 24 Décembre 1889.

Monsieur le Ministre,

Je viens faire appel à votre haute justice.

Arrivé depuis quelques jours en France, j'ai appris que j'avais été mis en non-activité.

Cette mesure a été prise contre moi sans que j'aie été admis à fournir des explications.

Je suis dans l'armée depuis 1864 ; j'ai par conséquent plus de vingt-cinq années de services.

Je souffre d'avoir été frappé, alors que j'ai toujours eu souci des intérêts de l'armée, de la défense et des règlements militaires. Cette mesure disciplinaire aurait été prise contre moi à cause de la conversation que j'ai eue à la Martinique avec M. le Général d'infanterie de marine *** chargé de l'inspection des troupes dans cette colonie.

Des difficultés avaient surgi entre les deux armes de l'infanterie de marine et de l'artillerie de marine au sujet de l'interprétation des règlements, notamment de ceux relatifs au service des transports[1]. *(Règlement du 16 mars 1877 — Arrêtés locaux du 19 mars 1873 et du 30 décembre 1886, art. 8).*

---

(1) M. le Commissaire général Chef du service administratif de la Marine avait rappelé à M. le Chef d'escadron Directeur d'artillerie, par lettre en date du 20 juillet 1888, N° 161, que « le transport des matériaux, « pour les constructions qui se font au camp de Balata, ne saurait incomber « au service des transports. »

Le camp de Balata, qui appartient à l'infanterie de marine, n'est pas classé comme domaine militaire. Le camp possède des chariots, des animaux qui, régulièrement, auraient dû effectuer le transport des matériaux qu'on voulait faire faire par l'artillerie et en se servant des voitures chargées de vivres pour les camps.

J'ai dû, dans l'intérêt du service, tenir la main à l'application des règlements qui concernent le service dont j'avais la responsabilité et, à ce propos, je me suis trouvé en conflit avec mon chef hiérarchique, M. le Lieutenant-Colonel d'infanterie de marine X.., Commandant supérieur des troupes et, en même temps, commandant la portion secondaire d'infanterie de marine stationnée à la Martinique.

J'ai essayé, à ce moment-là, de vous faire connaître la situation en vous soumettant les faits eux-mêmes et j'avais demandé que la correspondance échangée entre les deux services vous fût transmise.

M. le Lieutenant-Colonel d'infanterie de marine X. . ne voulut pas faire cette transmission(1) et M. le Gouverneur par intérim de la Martinique, à qui je me suis adressé, refusa également de faire cette transmission autrement que si elle lui parvenait par la voie hiérarchique(2).

Ces premiers incidents se terminèrent à mon désavantage. J'ai été puni de trente jours d'arrêts de rigueur que j'ai subis avec obéissance et discipline.

Mais je n'ai pu m'empêcher de penser que les faits ne vous avaient pas été exactement présentés.

Je reste convaincu que la correspondance échangée vous eût montré les difficultés multiples du service et vous eût fait pressentir, Monsieur le Ministre, que des questions personnelles, d'ordre privé, avaient pu, peut-être, envenimer les questions d'ordre purement technique.

Les instructions ministérielles tracèrent à chacun des services la ligne de conduite à suivre et il y eût, à la suite, quelques semaines d'accalmie.

Un incident d'ordre privé, un bal auquel il ne fut pas possible à ma famille d'assister fut, à mon avis, le signal de nouvelles difficultés(3).

---

(1) Lettre du 7 janvier 1889, N° 1.

(2) Lettre du 14 janvier 1889, N° 1.

(3) Du 1er au 13 août 1889, affaire dite du fort Desaix. Vol de rations de lard par un soldat d'infanterie. On a impliqué dans ce vol des employés et des agents de l'artillerie. L'affaire a été jugée au civil. Le soldat d'infanterie de marine a été condamné. — Des ordonnances de non-lieu ont été rendues en faveur des employés et des agents de l'artillerie. L'un d'eux a été même mis en liberté dès son premier interrogatoire, il n'a

Je dus subir différentes punitions contre lesquelles j'ai réclamé, et j'ai demandé à être remplacé, la situation qui m'était faite à la Martinique étant devenue en effet intenable.

C'est à la suite de ces réclamations que M. le Général d'infanterie de marine *** fut chargé de faire une enquête pendant sa tournée d'inspection.

Dès son arrivée à la Martinique, M. le Général ***, dans une conversation qu'il a tenue en présence des chefs de service, a rappelé des incidents de sa carrière, notamment des conflits qui auraient surgi entre les deux armes de l'infanterie de marine et du génie, alors qu'il était Lieutenant-Colonel à la Martinique(1).

Voici le récit des deux entrevues auxquelles j'ai eu l'honneur d'être admis auprès de M. le Général ***

Ayant été invité par M. le Capitaine d'infanterie de Marine * *(Officier d'ordonnance)*, de la part de M. le Général ***, à me rendre à son hôtel, muni de la correspondance échangée avec M. le Lieutenant-Colonel Commandant supérieur des troupes, ainsi que des réclamations que j'avais adressées à M. le Ministre de la marine, je me suis rendu à cette invitation

En présence de M. le Lieutenant-Colonel X... et de M. le Capitaine*, M. le Général inspecteur *** fit donner lecture par cet officier des instructions ministérielles qui lui avaient été adressées pour l'enquête à laquelle il devait procéder.

Après chaque membre de phrase cette lecture était interrompue et le Général, s'adressant à moi, disait : « Avez-vous entendu ? Qu'avez-vous à répondre ? »

Je répondais : « J'ai là mon dossier je vais m'expliquer. »

Alors le général m'imposait silence immédiatement, en m'appelant officier indiscipliné, en telle sorte que je n'ai pu présenter ma défense.

---

pas subi de prison préventive. Il était accusé de trafiquer du tafia. — 7 août 1889, Affaire de M. le Lieutenant B... — 16 août 1889, Affaire du rapport No 124 du 14 août 1889. — 13 septembre 1889, Le Directeur d'artillerie est puni de 15 jours d'arrêts de rigueur pour avoir transmis à M. le Lieutenant-Colonel commandant supérieur des troupes le rapport de M. le Capitaine chargé des transports, rappelant les prescriptions de l'arrêté du Gouverneur de la Martinique, en date du 19 mars 1873. Cette punition a été levée par ordre ministériel.

(1) Le camp de Balata avait encore été l'origine du conflit entre l'infanterie de marine et le génie.

Puis, après m'avoir traité d'officier indiscipliné, et m'avoir imposé silence, il s'adressait à M. le Lieutenant-Colonel d'infanterie de marine X... et lui disait : « Mais parlez donc, vous « *foutu nom de Dieu de couillon*, mais parlez donc !!! »

M. le Général *** me reprocha successivement d'avoir entravé par mon mauvais vouloir l'armement des forts(1) ; d'avoir été un obstacle à l'avancement des officiers placés sous mes ordres(2) ; d'avoir été la cause de la maladie de l'un d'eux, M. le Lieutenant B... ; d'avoir au contraire donné de l'avancement à un planton de la direction d'artillerie le nommé L... qui, reproche étrange, a été proposé et nommé à l'emploi de gardien de batterie pendant mon séjour à l'hôpital ; de m'être soustrait à l'autorité de M. le Lieutenant-Colonel X..., commandant supérieur des troupes, etc....

Pour faire justice de toutes ces accusations il suffisait de montrer ma correspondance. Je ne pus rien dire, sauf quelques phrases aussitôt arrêtées, concernant l'armement des forts, l'avancement des officiers et la nomination du gardien de batterie L...

Je ne pus sortir qu'une seule pièce de mon dossier, celle relative à la maladie de M. le Lieutenant B..., et elle montra que l'accusation n'était pas fondée.

Ce document est joint.

Il en aurait été de même de toutes les autres accusations si M. le Général inspecteur avait daigné écouter ma défense.

J'arrive enfin, Monsieur le Ministre, au récit de l'incident fâcheux qui pèse d'un poids si lourd sur ma destinée.

Lorsqu'il a été question de la punition de quinze jours d'arrêts de rigueur qui m'a été infligée par M. le Lieutenant-Colonel d'infanterie de marine X..., commandant supérieur des troupes, sous le prétexte que mon rapport n° 124 du 14 août 1889 avait été *antidaté*, je montrai d'abord mon cahier de correspondance puis j'ajoutai :

---

(1) L'armement des forts a été suspendu par ordre supérieur pour envoyer les troupes de l'artillerie au camp des Pitons. Mesure sanitaire.

(2) M. le Lieutenant d'artillerie J..., proposé pour le grade de Capitaine au choix par le Directeur d'artillerie, ne figure pas sur le tableau d'avancement. Il a toujours été noté par les Directeurs d'artillerie comme un excellent officier de troupe et de direction.

M. le Lieutenant d'artillerie B... a été proposé d'office pour le grade de capitaine au choix par M. le général ***. Cet officier, rentré en France, n'a pas été vu par M. le Général inspecteur.

« Je suis un honnête homme. »

— Un honnête homme, vous, dit le Général sur un ton de mépris.

— Oui, mon Général, repris-je vivement, je suis un honnête homme.

— Vous avez un rude aplomb !!! Et l'accusation de M. Y... *(garde auxiliaire d'artillerie)* !!!

— Quelle accusation ? Je ne la connais pas, mon Général !

— Eh bien ! M. Y... vous accuse d'avoir pris de *l'avoine aux transports pour nourrir vos poules*(1).

— Je m'occupe de mon service, mon Général et non *de poules* ; ce sont affaires de ménage qui appartiennent à Madame André.

— Madame André, qu'est-ce que c'est que cela ?

— Madame André, c'est ma femme, mon Général.

— Vous avez une femme, vous ?

— Oui, mon Général, j'ai une femme et j'ai des enfants.

— Madame André !!! Je ne la connais pas !!!

— J'ai l'honneur de vous faire remarquer, mon Général, avec tout le respect que je vous dois, que je suis officier supérieur et que derrière l'officier supérieur il y a un homme de cœur dont le sang lui brûle les veines en ce moment.

— Vous mériteriez que je vous fasse empoigner par quatre gendarmes pour vous enfermer dans les casemates du fort Saint-Louis.

Faites vos malles, je vous envoie à la disposition de Monsieur le Ministre de la marine. Vous partirez par le premier courrier.

S'adressant à M. le Lieutenant-Colonel X... : « Colonel, vous « ferez l'ordre de route de cet officier supérieur. »

S'adressant à moi : « Si vous avez cette attitude devant le « Général inspecteur, je me figure celle que vous devez avoir « avec M. le Lieutenant-Colonel X... »

M. le Lieutenant-Colonel X... prenant alors la parole : « En effet,

(1) L'avoine des transports se trouve dans des coffres fermant à clés et disposés dans des locaux fermant à clés. Ces clés sont entre les mains des sous-officiers des transports. Il existe une comptabilité spéciale de l'avoine tenue par le Capitaine chargé du service. Toute soustraction doit donc entraîner un déficit qui aurait été constaté et signalé à l'administration. En outre la soustraction implique nécessairement la complicité des sous-officiers détenteurs des clés.

« mon Général, on se figure l'attitude de M. le Commandant « André vis-à-vis de moi. »

M'adressant à M. le Lieutenant-Colonel X... :

— « J'ai eu, en votre présence, mon Colonel, une attitude telle-« ment calme que MM. les officiers, qui m'ont vu à votre bureau, « disaient ensuite qu'en nous voyant ensemble causer avec autant « de calme, on serait tenté de croire que nous étions d'excellents « amis, malgré les arrêts subis. »

(Nous n'avons cessé de nous serrer la main avec M. le Lieutenant-Colonel Commandant supérieur des troupes, que depuis sa lettre du 17 août 1889).

Puis, m'adressant à M. le Général inspecteur : « Je tiens à vous « remercier, mon Général, de la décision que vous venez de « prendre. J'avais reconnu moi-même que ma situation était « intenable à la Martinique et j'avais demandé à être remplacé « dans mes fonctions.

« Tous mes actes peuvent cependant être justifiés, même devant « un Conseil d'enquête, avec ce dossier dont j'avais espéré que « vous prendriez connaissance. »

— Mais qui vous a parlé d'un Conseil d'enquête ?

— Je vous remercie encore, mon Général, de me relever de mes fonctions, j'ai droit à ma retraite, mon intention est de la prendre.

— Tant mieux alors si tout le monde est content !!!

Le lendemain matin, dès la première heure, je recevais deux lettres de M. le Capitaine d'infanterie de marine * (officier d'ordonnance), l'une me disant de me rendre à l'hôtel de M. le Général inspecteur pour l'examen du travail d'inspection, l'autre m'invitant de la part *du général à déjeuner avec lui à Balata.*

Lorsque le Général eût terminé de mettre les notes sur les états d'inspection, il fit reprendre par M. le Capitaine * la lecture des instructions ministérielles qui avait été faite la veille.

Cette lecture ne fut pas interrompue.

— Qu'avez-vous à dire, me demanda M. le Général inspecteur ?

— Mon Général, hier j'avais mon dossier, j'aurais pu répondre. Aujourd'hui je ne puis que repousser les accusations formulées contre moi, elles sont toutes sans fondement.

— Pourquoi n'avoir pas répondu hier sur le même ton et avec le même calme?

— Je suis aujourd'hui à mon état normal, hier je n'y étais pas ; vous m'aviez adressé des paroles blessantes qui ont fait bouillir mon sang dans mes veines.

— Faites vos malles, vous rentrerez en France par le premier courrier. Vos démêlés avec M. le Lieutenant-Colonel X... recommenceraient encore si vous restiez à la Martinique.

Avant de prendre congé, j'ai remercié M. le Général inspecteur de m'avoir fait l'honneur de m'inviter à déjeuner avec lui, et je l'ai prié de m'excuser car je ne pouvais pas me rendre à son invitation.

Je prends la liberté, M. le Ministre, de signaler un fait qui montre que mon renvoi en France paraissait déjà une mesure grave : M. le Lieutenant-Colonel commandant supérieur des troupes, à qui j'ai parlé, dans cette journée, de l'établissement de mon ordre de mise à la disposition du Ministre, sembla fort étonné de ma hâte, et me dit qu'il pensait que M. le Général inspecteur ne maintiendrait pas sa décision.

J'en serais désolé, ai-je répondu, j'ai beaucoup trop souffert dans ce pays, j'ai hâte de le quitter. On a déjà commencé la vente de mes meubles, on fait mes malles, je n'ai pas une minute à perdre si je veux être prêt pour le départ du courrier.

Il résulte de cet exposé, Monsieur le Ministre, qu'ayant été appelé par M. le Général inspecteur pour une enquête que j'avais demandée, je n'ai pu être admis à présenter ma défense. J'ai, au contraire, reçu en plein visage une accusation qui porte atteinte à mon honorabilité, et cette accusation émane d'un de mes subordonnés, M. Y..., garde auxiliaire d'artillerie, section des conducteurs des travaux.

Cette accusation inouïe et imprévue a été le point de départ de l'incident que j'ai décrit plus haut.

Je proteste avec indignation contre une accusation dont la bassesse n'a d'égale que la bêtise.

Un officier supérieur qui compte plus de vingt-cinq ans de loyaux services militaires, dont l'honorabilité est incontestée, qui appartient à une famille honorable qui a donné à la France des serviteurs honorables, n'a pas l'idée de distraire *trois sous de n'importe quoi,* surtout quand cet officier supérieur a plus de douze mille francs d'appointements, c'est-à-dire plus qu'il ne lui faut pour subvenir aux besoins d'une petite famille dont les goûts et les besoins sont modestes.

Ceux qui ont voulu porter atteinte à mon honorabilité auraient dû trouver quelque chose de plus sensé et non cette machination qui est tellement grossière qu'elle ne supporte pas l'examen.

Mais la haine est aveugle.

J'avais le droit de m'attendre, à la veille de terminer ma carrière, à être informé, autrement que par une sorte de surprise, de cette infâme accusation et aussi de toutes celles qui ont été formulées contre moi et qui sont énumérées plus haut.

Si j'ai manqué réellement aux devoirs que m'imposait la défense, aux devoirs envers mes subordonnés; si j'ai antidaté une lettre pour fuir une responsabilité et la faire retomber sur mon chef hiérarchique ; si je me suis livré à des manœuvres coupables vis-à-vis un sergent d'infanterie; si, étant chef de service, je me suis approprié n'importe quoi, je mérite d'être traduit devant un Conseil de guerre.

Je demande, Monsieur le Ministre, qu'on fasse venir en France tous mes accusateurs. J'en tiens un, M. Y...

Pour atteindre un officier, un père de famille, dans ce qu'il a de plus sacré, son honneur, mes accusateurs doivent avoir contre moi des preuves certaines, irréfutables.

Je demande qu'ils donnent ces preuves devant le Conseil de guerre appelé à me juger.

Si je suis coupable qu'on me frappe.

Mais, s'il est reconnu que mes accusateurs ont obéi à une haine aveugle pour toucher à mon honneur, que leurs accusations sont fausses et mensongères, j'ai confiance en votre impartialité, M. le Ministre, vous me rendrez justice.

Pendant un séjour de moins de deux ans que j'ai fait à la Martinique, j'ai échappé aux épidémies et au poignard des assassins.

Dieu, qui m'a préservé moi et les miens de ces dangers, ne voudra pas que je tombe sans défense victime d'une lâche calomnie.

J'ai l'honneur, etc.

Signé : G. ANDRÉ,
Chef d'escadron d'artillerie de la marine.

A Monsieur le Général de division inspecteur général permanent de l'artillerie de la marine.

Paris, le 25 décembre 1889.

Mon Général,

J'ai l'honneur de vous prier de vouloir bien transmettre à M. le Ministre de la marine ma lettre ci-jointe du 24 courant.

Je vous serais reconnaissant, mon Général, si vous vouliez appuyer ma demande de votre haute autorité.

Je ne poursuis d'autre but que celui de jeter un peu de lumière sur les incidents qui se sont passés depuis un an à la Martinique entre les deux services de l'infanterie de marine et de l'artillerie de marine, incidents dont j'ai souffert, alors que pour sauvegarder ma responsabilité et dans l'intérêt du service, je tenais la main à l'exécution des règlements.

Je dois à ma famille, je dois à l'arme à laquelle j'ai eu l'honneur d'appartenir depuis plus de vingt-cinq ans, de quitter la carrière la tête haute, sans une flétrissure au nom que je laisse à mes enfants.

Ma conscience me dit, mon Général, que j'ai mérité cette récompense, la seule que j'ai ambitionnée.

J'ai l'honneur, etc.

Signé : G. ANDRÉ.
Chef d'escadron d'artillerie de la marine.

Paris, le 31 mars 1890.

Le Sénateur Ministre de la marine à Monsieur le Chef d'escadron d'artillerie André, à Chinon.

Monsieur le Commandant,

Il m'a été rendu compte que la correspondance du Directeur d'artillerie de la Martinique, du 30 juin 1888 au 19 novembre 1889, a disparu de la Direction le jour de votre départ pour France, le 20 novembre dernier. Par lettre du même jour, M. le Lieutenant-Colonel commandant supérieur des troupes vous a invité à restituer la correspondance dont il s'agit à la Direction d'artillerie et cette lettre est demeurée sans réponse.

J'ai l'honneur de vous prier de me faire parvenir d'urgence le registre de correspondance ainsi que les autres documents de la

Direction d'artillerie de la Martinique et de me faire connaître les motifs qui vous ont conduit à les emporter.

Recevez, etc.

Pour le Ministre et par son ordre,
Le Contre-Amiral directeur du personnel,
Signé : BARRÉRA.

Chinon, le 2 avril 1890.

Le Chef d'escadron d'artillerie de la marine André à Monsieur le Ministre de la marine.

Monsieur le Ministre,

J'ai l'honneur de vous adresser les trois registres qui contiennent la correspondance du Directeur d'artillerie pour la période du 30 juin 1888 au 20 novembre 1889.

J'ai été en effet invité par M. le Lieutenant-Colonel commandant supérieur des troupes, par lettre en date du 20 novembre 1889 à lui remettre ces registres.

Cette lettre m'a été remise à bord du paquebot quelques minutes avant le départ.

Il était matériellement impossible de répondre.

J'ai emporté ces registres, à mon départ de la Martinique, pour les motifs suivants :

Ils n'ont pas été examinés par M. le Général Bossant et j'avais espéré que l'enquête que j'avais demandée, que vous aviez prescrite, qui n'a pas été faite, aurait été effectuée en France.

Je suis aussi détenteur de documents qui assurent la défense d'un officier supérieur dont l'honorabilité a été attaquée.

Je serai heureux de pouvoir les remettre à mon défenseur afin d'être jugé d'après des faits indéniables, d'après mes actes.

J'ai l'honneur, etc.

Signé : G. ANDRÉ.

Paris, le 4 avril 1890.

Le Sénateur Ministre de la Marine à Monsieur le Chef d'escadron d'artillerie de la marine André, à Chinon.

Monsieur le Commandant,

En réponse à ma lettre du 31 mars dernier, vous invitant à me faire parvenir d'urgence les documents de la Direction d'artillerie que vous avez emportés à votre départ de la Martinique, vous m'avez adressé trois registres de la correspondance.

Par votre lettre du 2 avril, m'annonçant cet envoi, vous m'informez que vous êtes détenteur d'autres documents qui doivent servir à votre défense.

Je vous invite à me faire connaître si les documents dont il s'agit ont un caractère officiel et, dans le cas de l'affirmative, de me les faire parvenir.

Votre conduite, dans cette circonstance, est des plus répréhensible et je vous inflige un blâme sévère dont il sera tenu compte à votre calepin [1].

Recevez, etc.

Signé : E. BARBEY.

(1) Les conseillers du Directeur d'artillerie, tant à la Martinique qu'en France, lui ont recommandé de mettre sous les yeux du Ministre la correspondance qui contient la preuve des sentiments haineux de M. le Lieutenant-Colonel commandant supérieur des troupes, et de conserver précieusement certains documents signés par cet officier supérieur d'infanterie de marine.

Si le Directeur d'artillerie à la Martinique était rentré en France les mains vides sans aucun document pour se défendre contre ses calomniateurs, il aurait été traduit devant un Conseil de guerre, condamné, déshonoré.

*Rappel des plaintes adressées au Département contre M. le Lieutenant-Colonel d'infanterie de marine X... et contre M. le Général d'infanterie de marine ***.*

Chinon, le 2 octobre 1890.

A Monsieur le Ministre de la marine,
Paris.

Monsieur le Ministre,

Monsieur le Général commandant la subdivision à Tours m'a informé au mois de juin 1890 que j'avais été admis *sur ma demande* à faire valoir mes droits à la retraite.

La note du ministère de la marine du mois d'août 1890, jointe au mandat de paiement de ma solde de mai 1890, m'a fait connaître que j'ai été rayé des contrôles le 30 mai.

D'après la décision ministérielle prise à la suite du décret présidentiel du 18 décembre 1889, qui m'a mis en non-activité, sans que j'aie été admis à m'expliquer, sans enquête, sans jugement, sur le vu d'un rapport de M. le Général ***, je devais être mis à la retraite dès que j'aurais accompli deux années dans le grade de chef d'escadron, c'est-à-dire le 18 mai 1890.

Cette décision, qui a été portée à ma connaissance verbalement par M. le Colonel d'infanterie de marine Chevalier, chef du bureau des troupes au ministère, et ensuite par M. le Général Dard, se trouve d'ailleurs confirmée dans une lettre que vous avez adressée à un ancien député et qui m'a été communiquée. (*Lettre du 21 février 1890*).

J'avais espéré, Monsieur le Ministre, que cette décision recevrait son entière exécution et que j'aurais été *admis à la retraite d'office* le 18 mai 1890.

Mon espérance a été déçue.

Le mémoire de proposition qui doit servir à la liquidation de ma pension de retraite n'a d'ailleurs été établi que le 28 septembre 1890, et à la suite d'une réclamation que je vous ai adressée.

J'avais été surpris en effet d'apprendre que des pensions concédées au *mois de juillet 1890* avaient été liquidées alors que, depuis le *mois de mai,* le bureau des pensions au ministère de la marine n'avait reçu aucun document relatif à ma pension de retraite.

Permettez-moi, Monsieur le Ministre, de rappeler les prescriptions des articles 319, 320, 321 du décret du 28 décembre 1883 sur le Service intérieur (fautes contre la discipline), et de vous renouveler les plaintes que je vous ai adressées de la Martinique contre M. le Lieutenant-Colonel d'infanterie de marine X..., à la suite des punitions injustes, des insinuations malveillantes, des lettres injurieuses et insultantes adressées par cet officier supérieur au Chef d'escadron directeur d'artillerie.

Il n'a été tenu aucun compte de ces plaintes.

Ma situation à la Martinique étant devenue dans ces conditions intenable, j'ai demandé à être relevé de mes fonctions de directeur d'artillerie, à rentrer en France et à ce qu'il soit procédé à une enquête.

D'ailleurs les évènements du 5 mai 1889, où j'ai failli être victime ainsi que ma femme et mes deux enfants d'une tentative d'assassinat, me commandaient impérieusement de quitter la Martinique.

J'avais fait, en effet, le soir même du 5 mai, ma plainte à M. Merlin, gouverneur de la Martinique, en présence de M. Raiffer, procureur général.

Un officier, qui a été entendu comme témoin, a pu préciser l'heure, le lieu, les circonstances où l'assassinat devait être accompli.

Il n'a été tenu aucun compte de cette plainte.

Le lendemain, M. Y..., garde auxiliaire d'artillerie, section des conducteurs des travaux (créole de la Martinique), m'informait que l'on disait en ville que « si l'on m'avait manqué le 5 mai 1889, « on ne me manquerait pas le 14 juillet. »

Qui avait armé le bras des assassins ?

A la suite d'un incident aussi grave une enquête a-t-elle été faite ?

La haine que me vouait M. le Lieutenant-Colonel d'infanterie de marine X... semble avoir redoublé depuis cette date ainsi que le prouve la correspondance :

Affaire du fort Desaix ;

Maladie de M. le Lieutenant d'artillerie B... ;

Rapport n° 124 du 14 août 1889 ;

Je ne cite que les affaires principales.

Enfin, au mois de septembre 1889, j'ai été puni de 15 jours d'arrêts de rigueur pour avoir transmis à M. le Lieutenant-Colonel commandant supérieur des troupes un rapport de M. le Capitaine chargé des transports rappelant les prescriptions de l'arrêté de Monsieur le Gouverneur de la Martinique en date du 19 mars 1873.

Cette punition a été levée par ordre ministériel et sur ma plainte, et vous avez alors prescrit à M. le Général d'infanterie de marine *** de procéder à l'enquête que j'avais demandée.

Peu de jours avant l'arrivée de M. le Général *** à la Martinique, j'ai reçu la lettre ci-après :

Paris, le 14 octobre 1889.

Le Général de division Dard, inspecteur général permanent de l'artillerie de la marine à Monsieur le Chef d'escadron André directeur d'artillerie.

Mon cher Commandant,

Je viens de prendre connaissance de votre réclamation concernant les punitions que vous a infligées M. le Lieutenant-Colonel commandant les troupes à la Martinique.

Je pense, comme l'autorité supérieure, qu'il y a eu *abus de pouvoir*, notamment dans la dernière affaire dont vous me rendez compte et j'ai tout lieu de croire qu'il vous sera rendu justice.

M. le Général Bossant, inspecteur général en 1889, a d'ailleurs été chargé d'examiner la situation qui vous a été faite et dont vous aurez à vous expliquer devant lui.

Faites-le avec calme et modération et continuez à faire votre service en vous inspirant constamment de son seul intérêt.

J'espère qu'on rendra justice à vos bonnes intentions et j'y contribuerai de tout mon pouvoir.

Croyez, mon cher Commandant, à mes sentiments affectueux.

Le Général de division inspecteur général permanent de l'artillerie de la marine,

Signé : DARD.

Les actes de M. le Lieutenant-Colonel d'infanterie de marine X..., après examen des dossiers que j'avais transmis au Département, étaient donc jugés : ils étaient entachés de l'arbitraire et de l'abus de pouvoir les plus éclatants. Il y a eu faute grave contre la discipline et ces fautes sont restées impunies.

M. le Général d'infanterie de marine *** n'a pas procédé à l'enquête que vous aviez prescrite.

Pourquoi?

Il serait trop grave, assurément, de faire le récit des incidents survenus pendant l'inspection de M. le Général *** à la Martinique.

Chaque jour de cette inspection a été marqué par un incident et chaque incident par un scandale :

1° Incident provoqué par M. le Général *** à bord du paquebot le *Vénézuéla*. M. le Commissaire de la marine chef du service administratif, envoyé à la disposition du Ministre à la suite de cet incident et proposé pour la réforme par M. le Général ***, a été traduit devant un Conseil d'enquête et acquitté.

2° Incident dès le lendemain de l'arrivée de M. le Général *** à la Martinique : en présence de tous les chefs de service, M. le Général ***, rappelant des incidents de sa carrière, a tenu des propos qui ont dévoilé à tous les yeux les sentiments dont était animé cet officier général d'infanterie de marine à l'égard des armes spéciales.

3° Incident avec le Chef d'escadron directeur d'artillerie relaté dans ma lettre du 24 décembre 1889.

4° Incident à l'hôpital militaire.

5° Incident avec le vétérinaire civil chargé du service militaire.

6° Incident à Balata pendant le déjeuner offert par M. le Général *** aux officiers de la garnison.

Je rappelle que M. le Général ***, au lieu de faire l'enquête que vous lui avez prescrite, m'a fait appeler à son hôtel pour m'injurier, pour m'insulter, et pour me jeter à la face et comme par surprise, en présence d'un capitaine, une accusation odieuse émanant d'un de mes subordonnés, M. le garde auxiliaire Y..., déjà nommé.

Si M. le Général *** s'était informé auprès de M. le Lieutenant-Colonel X... (créole de la Martinique), de la réputation de M. le garde auxiliaire Y... (créole de la Martinique), cet officier supérieur lui aurait snas doute montré une propriété située au 10e kilomètre sur la route de Fort-de-France à Balata, acquise vers 1886 par M. Y...

M. le Lieutenant-Colonel X... aurait pu répéter à M. le Général *** les propos qu'il m'a tenus, peu de temps après son arrivée à la Martinique, sur M. Y... au sujet de cette propriété de Balata

Depuis ce jour j'ai exercé une surveillance incessante mais discrète sur M. Y... et cette surveillance a motivé les attaques de mon subordonné.

Pour avoir repoussé avec indignation l'accusation de M. Y..., et avoir rappelé avec la plus grande dignité M. le Général *** à la considération qui est due à un officier supérieur et à sa famille, M. le Général *** m'a envoyé à la disposition du Ministre.

A la suite de cet incident, j'ai demandé par écrit à M. le Lieutenant-Colonel X... de faire la lumière sur l'accusation de M. Y... et de faire procéder à une vérification administrative de tous les services dont j'avais la responsabilité *(15 novembre 1889)*.

M. le Lieutenant-Colonel X... a répondu *(17 novembre 1889)* que l'administration des services de l'artillerie ne le regardait pas.

En ce qui concerne l'accusation formulée par M. Y..., M. le Lieutenant-Colonel X... n'a pas daigné répondre à ma demande.

L'autorité militaire, qui avait pour devoir de contrôler une accusation qui porte atteinte à l'honneur d'un officier supérieur chef de service, s'était donc dérobée quand on lui a demandé de faire la preuve des accusations qu'elles avait accueillies.

Je dus alors m'adresser à M. le Chef du service administratif de la marine qui a fait procéder à la vérification demandée *(18 novembre 1889)*.

Elle ne donna lieu à aucune observation et, fait important à signaler, je n'eus à présenter aucune justification ni avant de quitter la colonie, ni depuis.

La calomnie était donc flagrante.

Je suis aux regrets d'être obligé de citer des faits qui prouvent à quel point j'avais eu souci des intérêts de l'Etat.

Au mois d'août 1888, date à laquelle j'ai pris les fonctions de directeur et de commandant des troupes de l'artillerie à la Martinique, le budget spécial des transports présentait un déficit de dix mille francs environ. — A cette date on prévoyait qu'en fin d'exercice le déficit serait de vingt mille francs environ. — Or, le déficit total n'a été que de treize mille francs, grâce surtout aux réductions effectuées sur le chapitre « *Solde du personnel.* »

En 1889, les dépenses des transports n'ont pas atteint le chiffre de vingt-cinq mille francs alors que, les années précédentes, elles ont été en moyenne de quarante mille francs. — L'économie faite en 1889, sur ce seul chapitre du budget, est donc de quinze mille francs.

D'autre part, le marché à l'entreprise, pour les travaux concernant les fortifications et les bâtiments militaires, a été renouvelé en 1889.

Mon prédécesseur, M. le Commandant Périssé, dans une lettre officielle adressée au Département au commencement de l'année 1888, faisait pressentir que le nouveau marché comprendrait un abondement de 14 0/0 sur le prix du bordereau. Ce marché a été passé avec un abondement de 8 0/0 seulement, c'est-à-dire inférieur de 6 0/0 aux prévisions de mon prédécesseur et de 2 0/0 au prix du marché expiré.

Le plan de campagne pour 1889 a été complètement exécuté malgré la présence presque continuelle des troupes de l'artillerie au camp des Pitons.

De nombreux projets ont été établis, d'autres étaient presque achevés au moment où j'ai été relevé de mes fonctions

Je n'ai reçu d'autre observation que celle relative à la transmission de mon rapport n° 124 du *14 août 1889*, concernant l'avancement des travaux de fortifications. La dépêche ministérielle qui prescrivait l'établissement de ce rapport m'a été communiquée le *13 août*. Ce rapport n° 124 a été rédigé, copié et adressé le *14 août* à M. le Lieutenant-Colonel X... et remis le soir même à son sergent secrétaire. M. le Lieutenant-Colonel X... qui n'aurait reçu ce rapport que le *16 août*, m'a accusé de l'avoir antidaté.

Or, le 15 août, jour de l'Assomption, les bureaux et ateliers étaient fermés. Mon cahier de correspondance et les attestations de mon secrétaire, qui a copié et envoyé ce rapport, prouvent que cette accusation n'était pas fondée.

La lettre injurieuse et insultante que M. le Lieutenant-Colonel X... m'a adressée en cette circonstance, et dont je vous ai envoyé une copie, ne donne qu'une faible idée de la malveillance de M. le Lieutenant-Colonel X... et des difficultés incessantes suscitées par cet officier supérieur au Directeur d'artillerie.

Tous les incidents survenus à la Martinique ont été soulevés par M. le Lieutenant-Colonel X..., ainsi que le prouve la correspondance.

On citera notamment ceux relatifs :

1° à l'application des règlements concernant le service des transports ;

2° à l'affaire dite du fort Desaix (vol de rations de lard);

3° à la maladie de M. le Lieutenant d'artillerie B).

Mais je dois appeler surtout votre attention, Monsieur le Ministre, sur un fait capital qui prouve combien ma justification eût été facile si j'avais été admis à me défendre contre mes calomniateurs.

Dans la lettre que j'ai eu l'honneur de vous adresser le 24 décembre 1889, j'ai rappelé que M. le Lieutenant-Colonel d'infanterie de marine X.., à qui j'avais réclamé mon ordre de départ à la suite de ma mise à la disposition du Département, m'avait dit que M. le Général inspecteur d'infanterie de marine *** ne maintiendrait pas la décision qu'il avait prise. C'est ainsi que j'ai rempli jusqu'à la dernière heure les fonctions de Directeur et de Commandant des troupes de l'artillerie à la Martinique. Le *20 novembre 1889*, jour de mon embarquement, j'ai demandé par écrit à M. le Lieutenant-Colonel d'infanterie de marine commandant supérieur des troupes, de désigner mon remplaçant afin que je lui remette le service. J'ai reçu la réponse suivante :

« NOTE DE SERVICE N° 208.

« Je ne puis vous faire cesser et remettre votre service avant le « jour de votre embarquement puisque vous êtes en position de « présence et *qu'aucune considération militaire n'existe pour « m'autoriser à vous déposséder de vos droits au commandement.*

« Ce n'est donc que lorsque je serai fixé sur la date de votre « embarquement que je pourrai désigner votre successeur.

« Toutefois il est possible de vous faire remettre de suite le « service *à condition que vous en fassiez la demande.*

« Le 20 novembre 1889.

« *Le Lieutenant-Colonel commandant supérieur « des troupes,*

« Signé : H. REYGASSE

Mon renvoi à la disposition du Ministre, prononcé par M. le Général *** à la suite de l'incident relaté dans ma lettre du 24 décembre 1889, semblait donc exhorbitante même à M. le Lieutenant-Colonel Reygasse qui a entendu les injures et les insultes qui m'ont été adressées dans le service et sous les armes par M. le Général Bossant.

Je suis arrivé à Paris le 20 décembre 1889 et je me suis présenté au Ministère de la marine à M. le Général de division inspecteur général permanent de l'artillerie de la marine.

J'ai fait le récit de l'incident à la suite duquel M. le Général *** m'a envoyé à la disposition du Ministre, et M. le Général inspecteur de l'artillerie, indigné, s'est exprimé ainsi :

« M. le Général *** avait le droit de vous punir mais non celui « de vous insulter ; vous auriez dû protester avec indignation « contre l'accusation portée contre vous par un de vos subor- « donnés. Faites un rapport dans lequel vous relaterez cet « incident.

C'est à la suite de cet entretien que j'ai rédigé ma note du 24 décembre 1889 qui est une plainte contre M. le Général d'infanterie de marine ***.

Cette lettre a été remise à M. le Général inspecteur permanent de l'artillerie de la marine.

A cette seconde entrevue, M. le Général inspecteur de l'artillerie m'a demandé « *pourquoi je ne lui avais pas fait savoir que j'avais* « *été mis en non-activité par décret du 18 décembre 1889.* »

J'ai répondu :

« Je n'ai appris cette nouvelle qu'après avoir quitté votre « bureau et lorsque je me suis présenté à M. le Colonel d'infan- « terie de marine Chevalier, chef du bureau des troupes de la « marine. »

Il résulte de ces faits que ni M. le Lieutenant-Colonel d'infanterie de marine X... commandant supérieur des troupes à la Martinique, ni M. le Général de division inspecteur permanent de l'artillerie de la marine, n'ont donné leur avis au sujet de ma mise en non-activité.

La mesure disciplinaire qui a brisé ma carrière a été prononcée à la hâte sur le *Vu* du rapport de M. le Général d'infanterie de marine *** qui se trouve ainsi *juge* et *partie dans sa propre cause*.

Les dispositions du règlement du 28 décembre 1883 et celles de la loi de 1834 sur l'état des officiers sont cependant formelles. — Elles n'ont pas été observées.

Le troisième et dernier entretien que j'ai eu avec M. le Général inspecteur permanent de l'artillerie de la marine est du 30 décembre 1889.

« J'ai donné lecture, me dit M. le Général inspecteur, de votre « lettre du 24 décembre 1889 à M. le Général ***, qui vient « d'arriver à Paris. M. le Général *** me charge de vous prévenir

« que si vous déposez cette plainte, il dira ce qu'il n'a pas inséré « dans le rapport qu'il a fait contre vous au Ministre. Les gens de « votre maison étaient envoyés la nuit aux transports pour « prendre de l'avoine, et vous avez employé à votre usage person- « nel des bois provenant de démolitions. — Je vous rends votre « lettre du 24 décembre 1889 que je ne puis transmettre à Mon- « sieur le Ministre de la marine, car elle contient des accusations « trop graves contre M. le Général ***. »

M. le Général inspecteur de l'artillerie de la marine en refusant de vous transmettre ma lettre du 24 décembre 1889 ne s'est pas conformé aux prescriptions de l'article 342 § 3 et 4 du décret du 28 décembre 1883. La transmission de ma plainte n'est pas facultative, elle est obligatoire.

Si M le Général inspecteur de l'artillerie de la marine m'a cru coupable, ne devait-il pas me faire traduire devant un Conseil d'enquête et même devant un Conseil de guerre? S'il me croit innocent, ne devait-il pas prendre ma défense et me soutenir de tout son pouvoir?

On a sacrifié un innocent pour sauver des coupables.

Me voyant abandonné par M. le Général inspecteur général permanent de l'artillerie, mon chef de corps, je me suis adressé à des amis. — L'un d'eux, ancien député, que vous avez bien voulu entendre, Monsieur le Ministre, vous a remis ma lettre du 24 décembre 1889.

Toutes les démarches ont été vaines. Vous n'avez tenu aucun compte des faits graves que contient cette plainte, ni des prescriptions formelles du décret du 28 décembre 1883 (fautes contre la discipline), ni des dispositions de la loi de 1834.

Vous avez été mon seul juge, et vous avez décidé et maintenu que je devais être rayé des cadres de l'armée.

Permettez-moi de rappeler, Monsieur le Ministre, l'appréciation si juste de cet ancien député :

« Si l'indiscipline est dangereuse quand elle est commise par « un inférieur, elle l'est encore davantage et elle devient horrible « quand elle est commise par un supérieur. »

Or, Monsieur le Ministre, j'ai répondu aux injures et aux insultes de M. le Général Bossant en rappelant dignement cet officier général à la considération qui est due à tout officier supérieur et à sa famille.

Est-ce de l'indiscipline ?

Se trouve-t-il dans l'armée française un seul officier qui aurait accepté en silence ces injures et ces insultes ?

Je vous ai demandé des juges, Monsieur le Ministre, mais en vain.

M. le Chef du service administratif de la marine à la Martinique, renvoyé également en France par M. le Général Bossant à la disposition du Ministre, pour être mis à la réforme, a obtenu des juges ; il a été acquitté, il a repris ses fonctions.

M. le Général d'infanterie de marine Bossant avait jugé les fautes qu'il m'attribue moins graves puisqu'il ne m'a proposé que pour la non-activité. Je suis cependant frappé plus sévèrement.

Est-ce de la justice ?

M. le Lieutenant d'infanterie de marine Garcin, renvoyé du Tonkin à la disposition du Ministre a été traduit devant un Conseil d'enquête et acquitté.

Pourquoi deux poids et deux mesures ?

J'avais cependant à confondre des calomniateurs qui ont essayé de toucher à mon honneur et on m'a refusé le droit reconnu à tout accusé, celui de se défendre.

Pourquoi ?

Parceque, avez-vous répondu à M. l'Amiral Vallon, député du Sénégal, « *là où il y a certitude il n'y a pas besoin d'enquête.* »

Permettez-moi de faire observer très respectueusement, Monsieur le Ministre, que « *là où il y a certitude* » la poursuite s'impose.

M. le Lieutenant-Colonel d'infanterie de marine commandant supérieur des troupes à la Martinique, M. le Général d'infanterie de marine Bossant, M le Général inspecteur permanent de l'artillerie de la marine auraient cru à ma culpabilité et aucun d'eux n'a pris l'initiative de me faire comparaître ni devant un Conseil d'enquête, ni devant un Conseil de guerre, alors que j'ai demandé à être jugé.

Vous auriez, Monsieur le Ministre, des preuves accablantes contre moi et vous ne m'avez pas fait poursuivre !

Vous ne m'avez pas rayé après jugement des cadres de l'armée.

Vous laissez la croix de la Légion d'honneur briller sur la poitrine d'un coupable !

Vous promettez même à un ancien député, « *de votre propre* « *mouvement*, *et sincèrement*, de demander en ma faveur à

« M. Rouvier, Ministre des finances, une place de percepteur de « première classe en France ou en Algérie !!! »

J'ai refusé cette faveur, Monsieur le Ministre, je vous ai réclamé des juges et le droit de me défendre, mais je n'ai sollicité que cela, car je ne me désiste pas.

Aussi bien l'intérêt supérieur de l'armée exige que certains faits ne soient pas étouffés, mais qu'il soient connus, flétris, afin qu'ils ne puissent plus se reproduire.

J'ai fait partie, Monsieur le Ministre, de cette catégorie d'officiers qui, en servant la France, ont travaillé pour l'*honneur* et non pour l'*argent*.

Il est de mon devoir, en quittant l'armée, de protester avec énergie contre les machinations odieuses, l'abus de pouvoir scandaleux et le déni de justice horrible dont j'ai été victime.

Ma plainte sera entendue, je l'espère, par l'armée et par l'opinion publique.

G. ANDRÉ.

Chef d'escadron d'artillerie de la marine en retraite

FIN

Chinon. — Imprimerie F. Dehaies.

www.ingramcontent.com/pod-product-compliance
Ingram Content Group UK Ltd.
Pitfield, Milton Keynes, MK11 3LW, UK
UKHW020219180726
13838UKWH00005B/2082

9 782329 393995